(Conserver la couverture)

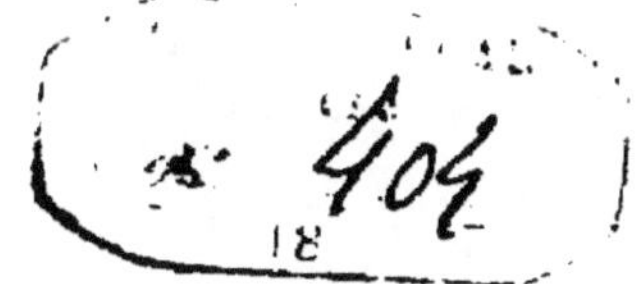

ALLOCUTION

Prononcée à Haubourdin, le 25 août 1887,

AU MARIAGE DE

Mr Félix COQUELLE & Mlle Léonie CREPY.

ALLOCUTION

Prononcée à Haubourdin, le 25 août 1887,

AU MARIAGE DE

Mr Félix COQUELLE & Mlle Léonie CREPY.

MONSIEUR, MA CHÈRE COUSINE,

Vous disiez il y a trois mois, en assistant à un autre mariage : Quand viendrai-je à mon tour, et quand paraîtrai-je aussi en présence de Dieu pour lui confier mes serments ! *Quando veniam et apparebo antè conspectum ejus !....* Ce jour est venu. Déjà vous avez pénétré dans le sanctuaire, vos familles vous contemplent et vous écoutent, et Dieu lui-même prête l'oreille pour entendre la parole qui de vos cœurs va monter à vos lèvres en ce moment solennel.

Mais, auparavant, réfléchissez encore un instant, je vous prie, à la grande action que vous allez accomplir, *agnoscite quod agitis*, et, puisqu'il faut faire saintement les saintes choses, *sancta sanctè*, permettez-moi, au nom du bon Dieu votre Père, au nom de l'Église votre Mère, au nom de Monsieur le Doyen qui est pour vous le représentant de ce Père céleste et de cette sainte Mère, de vous rappeler les sentiments qui doivent aujourd'hui animer vos cœurs.

Bossuet traduisant saint Augustin a dit : « Avant
» toutes choses, il y a trois liens dans le mariage :
» il y a premièrement le sacré contrat par lequel
» ceux que l'on unit se donnent entièrement l'un à
» l'autre ; il y a secondement l'amour conjugal, par
» lequel ils se vouent un cœur qui n'est plus capable
» de se partager, et qui ne peut brûler d'autres
» flammes ; il y a enfin les enfants qui sont un
» troisième lien, parce que l'amour des parents
» venant, pour ainsi dire, à se rencontrer dans ces

» fruits communs de leur mariage , l'amour se lie
» par un nœud plus ferme. »

Sachez-le bien , chers Fiancés , ce ne sont pas un
homme et une femme , mais un chrétien et une
chrétienne que Dieu entend voir ici au pied de son
autel. L'homme et la femme qui s'épousent font un
contrat sacré : sacré parce que Dieu a institué et
béni lui-même le mariage au paradis terrestre , sacré
parce que de tout temps on a cru le mariage pénétré
de religion et de sainteté et qu'on l'a entouré de
cérémonies présidées par les pontifes et les prêtres ,
sacré aussi parce qu'on a toujours senti que les époux
étaient liés non par l'unique force de leur volonté ,
mais par une puissance mystérieuse qui les enchaînait
sans retour. — Mais bien plus grand , bien plus
sacré sans comparaison votre mariage à vous , chers
Fiancés , qui êtes les disciples de Jésus-Christ et les
enfants de l'Église : « *Sacramentum hoc magnum est ,
ego autem dico in Christo et in Ecclesia.* » Oui , quand
tout à l'heure vous vous donnerez la main en signe
d'union et que vous prononcerez l'un et l'autre la
parole sacramentelle , à la manière des prêtres dont
jusqu'ici vous n'aviez pu qu'admirer et bénir la

divine puissance, vous ferez et vous donnerez une chose sacrée, vous vous donnerez ce chef-d'œuvre du cœur de Dieu qui est en vous et qui est vous-même, vous créerez entre vous un lien surnaturel, et du ciel la grâce jaillira dans vos âmes. Et quelle grâce ! Vous vous aimez, cette grâce rendra votre amour plus noble, plus puissant, plus parfait ; vous vous unissez, cette grâce rendra votre union plus résistante, plus ferme, indissoluble ; enfin, elle déposera au plus intime de votre être un nouveau germe de vie éternelle, par lequel vous paraîtrez plus aimables aux yeux de Dieu et plus respectables encore à vos propres yeux.

Mais il ne suffit pas que vous vous donniez entièrement l'un à l'autre par le Sacrement, il faut que vos cœurs soient reliés par la douce chaîne de l'amour conjugal. Écoutez saint François de Sales :
« J'exhorte surtout les mariez à l'amour mutuel que
» le Saint-Esprit leur recommande tant en l'Écriture.
» O mariez ! ce n'est rien de dire, aymez-vous l'un
» l'autre d'un amour naturel ; car les paires de
» tourterelles font bien cela : ny de dire, aymez-vous
» d'un amour humain ; car les payens ont bien

» pratiqué cet amour-là : mais je vous dis après le
» grand Apôtre : Marys, aymez vos femmes comme
» Jésus-Christ ayme son Église ! O femmes ! aymez
» vos marys comme l'Église ayme son Sauveur. »

Jusqu'ici vous n'avez eu l'un et l'autre, chers Fiancés, que les doux et faciles devoirs de l'amour et du respect filial, et encore la tendresse et les vertus de vos Parents les rendaient-elles plutôt pour vos cœurs une satisfaction et une jouissance ; vous avez vécu sans une bien grande responsabilité ; vos qualités comme vos défauts, vos joies comme vos peines, vos efforts et vos insuccès, vos espérances et vos désillusions n'ont guère affecté que vous. Dieu va maintenant créer en vous un amour plus fort, plus sacré : l'amour, le saint amour conjugal, fondé sur la sublime loi du dévouement chrétien. Plus souvent qu'il ne paraît, il faut se dévouer et se sacrifier dans la vie du mariage. Outre ces grands dévouements que tout le monde admire, il y a des dévouements secrets, intimes, journaliers, que personne ne connaît, et qui par leur continuité exigent de notre part, je ne crains pas de le dire, un véritable héroïsme. C'est cette carrière du dévouement dans la vie commune qui va s'ouvrir devant vous. Vous n'en êtes pas effrayés, et vous avez raison ; car, indépendamment des grâces d'amour, de fidélité, d'abnégation, de force que le Sacrement va vous donner, je sais, et nous savons tous ici, que vous avez de part et d'autre de consolantes garanties que, si cette nouvelle vie exige de vous de mutuels sacrifices, ces sacrifices vous seront toujours faciles et même agréables.

A ces deux liens du Sacrement et de l'amour qui vous uniront, chers Fiancés, nous demanderons à Dieu, au souverain dispensateur de la vie, d'en ajouter un troisième et de faire en sorte que votre maison ressemble à la vigne chargée de fruits délicieux. Car, selon la gracieuse définition de saint François de Sales, le mariage est « la pépinière du » Christianisme, qui remplit la terre de fidelles pour » accomplir au ciel le nombre des eslus. »

On a dit qu' « un des beaux jours, et peut-être le » plus beau de la vie, est celui où la naissance d'un » enfant ouvre notre âme à des sentiments qu'elle » ignorait encore. » C'est vrai surtout pour des parents chrétiens, qui voient dans cet ange que Dieu leur a donné la vivante demeure du Dieu tout-puissant, et qui sentent qu'ils partagent le bonheur et la gloire de la Mère incomparable, quand dans l'ivresse de leur amour ils l'appellent : petit Jésus ! Aussi de quelle sollicitude n'entourerez-vous pas cette âme immaculée, dont les destinées sont immortelles. Dès lors, mais surtout quand ce petit être aura grandi, considérez-vous comme ses anges gardiens visibles, chargés de veiller sur sa foi et sur sa pureté plus encore que sur sa santé et sur sa vie. Et, pour n'avoir point à redouter d'être accusés au tribunal de Dieu d'avoir comme tant d'autres de notre époque mal compris les devoirs de la paternité et de la maternité chrétiennes, apprenez-lui à prier bien avant que sa raison ne s'éveille. Que son plus lointain souvenir soit de vous avoir vu prier devant lui, prier avec lui. Un enfant n'a jamais une plus grande idée de ses parents que quand il les a vus souvent à genoux ; pour lui, son père est un représentant de Dieu, et sa mère est une sainte qu'il vénère autant qu'il l'aime.

Je m'arrête.... A vous maintenant d'élever la voix. La parole que vous prononcerez sera écrite dans le ciel où elle vous restera comme un titre aux bénédictions de Dieu.... Parlez donc, cher Monsieur, Dieu vous écoute ; cette vénérable aïeule qui considérait comme le couronnement de sa longue vie le bonheur de vous conduire à l'autel, ce père qui depuis votre enfance vous a entouré d'une affection toute maternelle sont impatients de vous entendre. Parlez aussi, ma chère Cousine, parlez sans crainte, vos grands-parents et vos parents sont sûrs de la félicité qui vous attend auprès d'un mari dont le caractère est si heureux, auprès d'un père dont la tendresse est connue de tous, dans une ville que notre famille n'a jamais cessé d'aimer. Parlez tous deux, parlez de suite, afin d'aller plus tôt porter votre baiser à cette grand'mère chérie qui attend votre retour; et, sous la protection de saint Louis, dont l'anniversaire ramenait déjà pour l'un d'entre vous une fête de famille, vous commencerez sur la terre une vie de bonheur qu'avec la grâce de Dieu vous n'achèverez qu'au Ciel.

Ainsi soit-il.

G. RAFIN,
prêtre.